BEI GRIN MACHT SICH IHR WISSEN BEZAHLT

- Wir veröffentlichen Ihre Hausarbeit,
  Bachelor- und Masterarbeit

- Ihr eigenes eBook und Buch -
  weltweit in allen wichtigen Shops

- Verdienen Sie an jedem Verkauf

Jetzt bei www.GRIN.com hochladen
und kostenlos publizieren

Marcus Linke

Methoden der Systemtechnik - Entscheidungstabellen

GRIN Verlag

Bibliografische Information der Deutschen Nationalbibliothek:

Die Deutsche Bibliothek verzeichnet diese Publikation in der Deutschen National-
bibliografie; detaillierte bibliografische Daten sind im Internet über http://dnb.d-
nb.de/ abrufbar.

Impressum:

Copyright © 2010 GRIN Verlag GmbH
Druck und Bindung: Books on Demand GmbH, Norderstedt Germany
ISBN: 978-3-640-79382-2

Dieses Buch bei GRIN:

http://www.grin.com/de/e-book/164393/methoden-der-systemtechnik-entschei-
dungstabellen

GRIN - Your knowledge has value

Der GRIN Verlag publiziert seit 1998 wissenschaftliche Arbeiten von Studenten, Hochschullehrern und anderen Akademikern als eBook und gedrucktes Buch. Die Verlagswebsite www.grin.com ist die ideale Plattform zur Veröffentlichung von Hausarbeiten, Abschlussarbeiten, wissenschaftlichen Aufsätzen, Dissertationen und Fachbüchern.

Besuchen Sie uns im Internet:

http://www.grin.com/

http://www.facebook.com/grincom

http://www.twitter.com/grin_com

Universität Duisburg - Essen

Campus Duisburg

Fakultät für Ingenieurwissenschaften

Abteilung Maschinenbau

Institut für Produkt Engineering

Transportsysteme und –logistik

DOKUMENTATION ZUM WORKSHOP

Methoden der Systemtechnik

über das Thema

<< Entscheidungstabellen >>

im

SS 2010

Abgabedatum: 23.06.2010

Vorgelegt von:

Linke, Marcus

Inhaltsverzeichnis

Tabellenverzeichnis

Abkürzungsverzeichnis

Abb.	Abbildung
bzgl.	bezüglich
bzw.	beziehungsweise
d. h.	das heißt
etc.	etcetera
evtl.	eventuell
f.	folgende
gem.	gemäß
ggf.	gegebenenfalls
S.	Seite
u. a.	unter anderem
vgl.	vergleiche
www	world wide web
z. B.	zum Beispiel

1. Einleitung

Die Systemtechnik als interdisziplinäre Wissenschaft will Methoden, Verfahren und Hilfsmittel zur Analyse, Planung, Auswahl und optimalen Gestaltung komplexer Systeme bereit-
stellen. Ihr Vorgehen beginnt mit der Gewinnung von Informationen über das geplante
System, das sich aus Marktanalyse, Trendstudien oder bereits konkreten Aufgabenstellungen
ergeben kann. Ziel solcher Systemstudien ist eine klare Formulierung der zu lösenden Probleme bzw. Teilaufgaben, die dann eigentlicher Ausgangspunkt für die Systementwicklung sind.
Danach wird ein Zielprogramm aufgestellt, das die Zielsetzung für das zu schaffende System
formal festlegt. Zur Auswahl eines für die Aufgabenstellung optimalen Systems werden nun
die gefunden Lösungsvarianten mit dem eingangs aufgestellten Zielprogramm verglichen und
die Lösungsvariante gewählt, welche den Anforderungen der Aufgabenstellung am besten
erfüllt.

Entscheiden heißt, zwischen zwei oder mehreren Alternativen mit unterschiedlichen Auswir-
kungen auszuwählen. Für diesen „Auswahlprozess" stehen einige in der Praxis vielfach
erprobte Entscheidungstechniken zur Verfügung, wie zum Beispiel die ABC-Analyse, die
Entscheidungstabelle, die Entscheidungsmatrix, der Entscheidungsbaum oder die Portfolio-
Methode.[1]

2. Zielsetzung der Arbeit

Diese Arbeit soll sich im Wesentlichen mit den Entscheidungstabellen befassen, um zu
analysieren, wie Entscheidungssituationen jeweils getroffen und beurteilt werden können.
Dabei wird die Methode in Ihrem Aufbau und ihren verschiedenen Formen aufgezeigt und die
Verfahrensbeschreibung durchgeführt. Weiterhin werden die Einsatzbereiche in der Praxis
dargelegt, um anschließend die Effektivität der Entscheidungstabellen zu bewerten.

---

[1] Vgl. Pahl G. / Beitz W. / Feldhusen J. / K.-H. Grote Konstruktionslehre: Grundlagen erfolgreicher
Produktentwicklung; Springer Verlag Berlin-Heidelberg 2007; S. 18

3. Entscheidungstabellen

Die Standardmethode zur Lösung von Routineentscheidungen sind Entscheidungstabellen. Nachdem diese Methodik 1957 von einer Projektgruppe der General Electric Company im Rahmen eines Materialflussprojektes entwickelt wurde, wurde sie im Jahre 1979 nach DIN 66 241 genormt. Anlass für die Entwicklung war das immer wiederkehrende Problem, dass in der Softwareentwicklung die Ausführung von Aktionen gleichzeitig von mehreren Bedingungen abhängig ist.

Entscheidungstabellen gelten als bewährte Technik oder aber als verbindliche Arbeitsanweisung, um komplexe Entscheidungssituationen knapp, übersichtlich und vor allem eindeutig darzustellen. Ihr Einsatz findet überall dort Anwendung, wo rein verbale Beschreibungen eines Systems zu ungenau, oftmals unvollständig und mehrdeutig, sowie nicht immer widerspruchsfrei sind.[2]

3.1. Benötigte Informationen und Vorraussetzungen zur Anwendung der Methode

Die benötigten Informationen bei der Erstellung einer Entscheidungstabelle ist immer ein Sachverhalt der vorliegen muss. Das kann beispielsweise eine Bearbeitung einer Scheckeinlösung bei einer Bank sein. Vom Sachbearbeiter wird in verschiedenen computergestützten Arbeitsschritten dieser Sachverhalt geprüft.

1. Ein Scheck soll bei einer Bank eingelöst werden
2. Wenn die Kreditgrenze überschritten wird, das bisherige Zahlungsverhalten einwandfrei war, aber der Überschreitungsbetrag über 500€ liegt, dann soll der Scheck eingelöst und dem Kunden sollen neue Konditionen vorgelegt werden.
3. War das Zahlungsverhalten nicht einwandfrei, wird der Scheck nicht eingelöst.
4. Der Scheck wird eingelöst, wenn der Kreditbetrag nicht überschritten ist.[3]

Man kann dabei erst beginnen, wenn die zu lösende Aufgabe in überschaubare Teilprobleme zerlegt ist.

---

[2] Vgl. Winkelhofer, Georg; Management- und Projektmethoden: Ein Leitfaden für IT, Organisation und Unternehmensentwicklung, 3. Auflage, Springer-Verlag, S. 215
[3] Vgl. Balzert, Helmut: Lehrbuch der Softwaretechnik: Basiskonzepte und requirements Engineering; 3. Auflage; Akademischer Verlag Heidelberg 2009; S. 388

3.2. Aufbau und Formen von Entscheidungstabellen

Die folgende Tabelle 1 zeigt das Grundgerüst einer **Entscheidungstabelle**.[4]

Name der ET		Mögliche Bedingungskombination	
Wenn	Bezeichnung der Bedingungen **1.**	Auspragung der Bedingung (Bedingungsanzeiger) **2.**
Dann	Bezeichnung der Aktionen **3.**	Zur Bedingungskmbination passende Aktionen (Regel) Aktionsanzeiger **4.**

Tabelle 1: Grundgerüst einer Entscheidungstabelle

Eine Entscheidungstabelle besteht aus vier Darstellungselementen. Der Bedingungsteil (1. Feld) enthält die Beschreibung der für die Entscheidungssituation relevanten Bedingungen. Der Aktionsteil (3. Feld) beschreibt alle Operationen, die unter den verschiedenen Bedingungen ausgeführt werden sollen.

Der rechte Teil, das Operandenfeld, besteht aus dem Bedingungsanzeiger (2. Feld), indem die Belegung der Bedingungen mit Aktionen angezeigt wird und dem Aktionsanzeiger (4. Feld), indem die Aktionen aufzeigen, welche Aktivität abhängig von gegebenen Regeln auszuführen ist.[5]

Bei der Entscheidungstabellentechnik unterscheidet man zwischen der

- **Begrenzten Entscheidungstabelle** und der
- **Erweiterten Entscheidungstabelle**

Tabellenbezeichnung		REGELBEZEICHNER			
		R1	R2	R3	R4
BEDINGUNGS-BEZEICHNER	B1	Buch ist lieferbar	J	J	N	N
	B2	Bonität ist in Ordnung	J	N	J	N
AKTIONS-BEZEICHNER	A1	Auftrag annehmen	X	X		
	A2	Vermerk „Rechnung"	X			
	A3	Vermerk „Nachnahme"		X		
	A4	Auftrag ablehnen			X	X

Tabelle 2: Aufbau einer begrenzten Entscheidungstabelle

---

[4] Vgl. http://www.informit.de/media_remote/supportfiles/1787.pdf
[5] Vgl. Auftragsklärung in IT-Projekten: die Ziele des Kunden erkennen und punktgenau realisieren; Saleck, Theo; Vieweg & Sohn Verlagsgesellschaft mbH; Braunschweig/Wiesbaden 2003; S. 305

Auftragsannahme		R1	R2	R3	R4
B1	Buch ist	Lieferbar	Lieferbar	Nicht lieferbar	Nicht lieferbar
B2	Bonität ist	in Ordnung	Nicht in Ordnung	in Ordnung	Nicht in Ordnung
A1	Auftrag	Annehmen	annehmen	Ablehnen	ablehnen
A2	Vermerk	Rechnung			
A3	Vermerk		Nachnahme		

Tabelle 3: Aufbau einer erweiterten Entscheidungstabelle

Die Kombination beider Verfahren führt zur **Gemischten Entscheidungstabelle.**

Auftragsannahme		R1	R2	R3	R4
B1	Buch ist	lieferbar	lieferbar	nicht lieferbar	nicht lieferbar
B2	Bonität ist	J	N	J	N
A1	Auftrag	Annehmen	annehmen	Ablehnen	ablehnen
A2	Vermerk	X			
A3	Vermerk		X		

Tabelle 4: Aufbau einer gemischten Entscheidungstabelle

Bei **erweiterten Entscheidungstabellen** begrenzen sich die Bedingungen und Aktionen nicht nur auf die Werte „Ja" oder „Nein", sondern sie können einen beliebigen Text (lieferbar, nicht lieferbar oder aber einen Bereich von Werten annehmen, beispielsweise „<10%".[6] Bei **gemischten Entscheidungstabellen** sind sowohl Bedingungen und Aktionen welche die Werte „Ja" oder „Nein" annehmen können als auch solche, welche einen Bereich von Werten annehmen können erlaubt.[7]

3.3. Verfahrensbeschreibung anhand eines Beispiels

Zur Erstellung einer Entscheidungstabelle wird die folgende Vorgehensweise empfohlen:

1. Bedingung festlegen

2. Aktionen angeben

3. Regeln und Aktionszeiger setzen

4. Tabelle überprüfen

    4.1 Konsolidierung der Entscheidungstabelle

    4.2 Prüfung auf Widerspruchsfreiheit und Vollständigkeit[8]

Das genaue Vorgehen zur Erstellung einer Entscheidungstabelle soll anhand des folgenden Beispielszenarios einer Buchhandlungssoftware beschrieben werden:

---

[6] Vgl. http://www.cobol-workshop.de/c_07-entscheid.html
[7] Vgl. Gonschorrek, Ulrich; Ganzheitliches Management: Planungs- und Entscheidungsprozesse;
  Berliner Wissenschaftsverlag; Berlin 2007; S. 282
[8] Vgl. http://www.informit.de/media_remote/supportfiles/1787.pdf

1. Bedingungen festlegen

Im ersten Schritt werden alle möglichen Bedingungen ermittelt. Im Beispiel können zwei Bedingungen identifiziert werden:

- B1: Buch ist lieferbar (j/n)
- B2: Bonität ist in Ordnung (j/n)

Jede Bedingung hat booleschen Charakter, sie kann zutreffen oder nicht zutreffen und wird mit „j" (Ja) oder „n" (Nein) bewertet. → Daraus folgt: n = 2 (n = Anzahl an unabhängigen Bedingungen)[9]

Tabellenbezeichnung		REGELBEZEICHNER			
		R1	R2	R3	R4
BEDINGUNGS-BEZEICHNER	B1	Buch ist lieferbar	J	J	N	N
	B2	Bonität ist in Ordnung	J	N	J	N
AKTIONS-BEZEICHNER	A1	Auftrag annehmen	X	X		
	A2	Vermerk „Rechnung"	X			
	A3	Vermerk „Nachnahme"		X		
	A4	Auftrag ablehnen			X	X

Tabelle 5: Vollständig ausgefüllte begrenzte Entscheidungstabelle

2. Aktionen angeben

Im zweiten Schritt werden alle resultierenden Aktionen aufgelistet:

- A1: Auftrag annehmen
- A2: Vermerk „Rechnung"
- A3: Vermerk „Nachname
- A4: Auftrag ablehnen

Die Bedingungen und die darauf folgenden Aktionen können auch als „Wenn-Dann-Funktionen" gesehen werden, d.h. **wenn** eine bestimmte Bedingung gegeben ist, **dann** folgt eine bestimmte Aktion darauf. Um die Übersichtlichkeit der Tabelle zu erhöhen und damit die spätere Nutzung zu erleichtern, sollten die Bedingungen und Aktionen sinnvoll geordnet werden.[10] Die Anordnung der Bedingungen ergibt sich häufig aus der Reihenfolge, in der sie geprüft werden. Ebenso ergibt sich die Reihenfolge der Aktionen aus dem Arbeitsablauf. Ist keine bestimmte Reihenfolge notwendig, sollten die Aktionen nach anderen Ordnungs-kriterien geordnet werden, beispielsweise nach eingesetztem Arbeitsmittel.[11]

---

[9] Vgl. Hartmut, Ernst; Grundkurs Informatik: Grundlagen und Konzepte für die erfolgreiche IT-Praxis – Eine umfassende, praxisorientierte Einführung; 4. Auflage; Vieweg+Teubner Verlag; Wiesbaden 2008, S. 401

[10] Vgl. Hartmut, Ernst; Grundkurs Informatik: Grundlagen und Konzepte für die erfolgreiche IT-Praxis – Eine umfassende, praxisorientierte Einführung; 4. Auflage; Vieweg+Teubner Verlag; Wiesbaden 2008, S. 401

[11] Vgl. http://www.informit.de/media_remote/supportfiles/1787.pdf

3. Regeln und Aktionszeiger setzen

In diesem Schritt werden zunächst die Ausprägungen der Bedingungen eingetragen. Das Operandenfeld (rechte Seite der Tabelle) enthält Spalten, die Regeln genannt werden. Jede Regel wiederum besteht aus einem Bedingungsanzeigerteil, durch den die jeweilige Bedingungskonstellation des Falles beschrieben wird und einem Aktionsanzeigerteil, der festlegt, welche Aktionen durchgeführt werden sollen. Aus einer Kombination aus Bedingungen kann man dann die Aktionen herleiten.[12] Es sollten grundsätzlich alle möglichen Kombinationen von Bedingungen erfasst werden. Diese Vorgehensweise stellt die Vollständigkeit der Entscheidungstabelle sicher.

Nun wird die Tabelle um eine Bedingung und eine Aktion erweitert um aufzuzeigen, wie im nächsten Abschnitt konsolidiert wird. Zunächst werden im Bedingungsanzeiger alle Möglichkeiten ($2^{3\ Bedingungen}$ = 8 Regeln → R1bis R8) mit „j" für ja und „n" für nein dargestellt. Man geht dabei ganz stur nach dem dargestellten Halbierungs-Schema vor. Damit ist die Entscheidungstabelle formal vollständig. Den entsprechenden Bedingungen werden nun die zugehörigen Aktionen zugeteilt und mit einem „x" gekennzeichnet. Bei einem Querstrich (–) ist die Bedingung irrelevant und weitere Entscheidungsfindungen können als unnötig deklariert werden.

4. Tabelle überprüfen

Konsolidierung der Entscheidungstabelle

Um Entscheidungen zu verdichten, ohne die inhaltliche Aussage zu verändern, bedient man sich der Konsolidierung. Zunächst sollte überprüft werden, ob die Anzahl der Regeln verkleinert werden kann. Dies tritt ein, wenn zwei Regeln zur selben Aktion oder Aktionsfolge führen. Unterscheiden sich diese Regeln weiterhin nur in einer Bedingungsanzeige, so können diese beiden Regeln konsolidiert werden.[13] Das Bedingungsanzeigerfeld bekommt einen Querstrich (siehe Tabelle 6; Regel 1; Bedingung 3)

	Auftragsannahme	R1	R2	R3	R4	R5	R6	R7	R8
B1	Buch lieferbar	J	J	J	J	N	N	N	N
B2	Neukunde	J	J	N	N	J	J	N	N
B3	Bonität in Ordnung	J	N	J	N	J	N	J	N
A1	Kundendaten erfassen	X	X						
A2	Auftrag annehmen	X	X	X	X				
A3	Vermerk „Rechnung"	X	X	X					
A4	Vermerk „Nachnahme"				X				
A5	Auftrag ablehnen					X	X	X	X

Tabelle 6: Konsolidierung von Spalten

---

[12] Vgl. http://www.informit.de/media_remote/supportfiles/1787.pdf

[13] Vgl. http://www.harti.ch/harti/phw/BBA/3sem/prozessmanagement/Entscheidungstabellen.pdf

Auftragsannahme		R1	R2	R3	R4	R5
B1	Buch lieferbar	J	J	J	N	N
B2	Neukunde	J	N	N	J	N
B3	Bonität in Ordnung	-	J	N	-	-
A1	Kundendaten erfassen	X			X	
A2	Auftrag annehmen	X	X	X		
A3	Vermerk „Rechnung"	X	X			
A4	Vermerk „Nachnahme"			X		
A5	Auftrag ablehnen				X	X

Tabelle 7: Konsolidierte Entscheidungstabelle

Für den Fall, dass bei mehreren Bedingungskombinationen immer dieselben Aktionen durchgeführt werden, können diese Bedingungskombinationen in einer Spalte zusammengefasst werden, die keine Bedingungsanzeiger aufweisen darf. Diese Spalte wird dann mit „ELSE" bzw. „Sonstiges" bezeichnet.[14]

Jede Entscheidungstabelle kann nur eine **„ELSE-Regel"** enthalten. Hierdurch wird die Tabelle in ihrem Umfang reduziert und es wird verhindert dass Bedingungskombinationen nicht behandelt werden. Das heißt, die Tabelle ist vollständig und frei von Redundanz. Dies birgt allerdings auch die Gefahr, dass Bedingungskombinationen vergessen werden und dann die unter Umständen falsche Aktion ermittelt wird.[15]

Diese Regel ist ohne Prüfung von Bedingungen auch immer dann anzuwenden, wenn keine der vorher angegebenen Entscheidungsregeln zutrifft. Sie wird häufig zur Beschreibung von Fehlerausgängen benutzt. Die ELSE-Regel besagt, dass durch sie, alle Bedingungskombinationen abgedeckt werden, die nicht durch die weiter links stehenden Regeln ausgelöst werden. Um festzustellen, wie viele Regeln die ELSE-Regel abdeckt, muss man von der vollständigen Anzahl der Regeln die tatsächlich angegebene Anzahl von Regeln subtrahieren.[16]

Bei dieser Regel ist es empfehlenswert, beim Aufbau einer Entscheidungstabelle im Zweifelsfall zunächst auf die ELSE-Regel zu verzichten. Sie kann dann nach dem Vollständigkeitstest für alle nicht relevanten Bedingungskombinationen eingeführt werden.[17]

---

[14] Vgl. Gonschorrek, Ulrich; Ganzheitliches Management: Planungs- und Entscheidungsprozesse; Berliner Wissenschaftsverlag; Berlin 2007; S. 291-292

[15] Vgl. Auftragsklärung in IT-Projekten: die Ziele des Kunden erkennen und punktgenau realisieren; Saleck, Theo; Vieweg & Sohn Verlagsgesellschaft mbH; Braunschweig/Wiesbaden 2003; S. 309

[16] Vgl. Gonschorrek, Ulrich; Ganzheitliches Management: Planungs- und Entscheidungsprozesse; Berliner Wissenschaftsverlag; Berlin 2007; S. 286

[17] Vgl. Gonschorrek, Ulrich; Ganzheitliches Management: Planungs- und Entscheidungsprozesse; Berliner Wissenschaftsverlag; Berlin 2007; S. 291

XYZ	R1	R2	R3	R4	R5
B1	J	J	J	J	N
B2	J	J	N	N	-
B3	J	N	J	N	-
A1	X		X		
A2	X	X			
A3			X	X	

XYZ	R1	R2	R3	R4
B1	J	J	J	
B2	J	J	N	ELSE
B3	J	N	J	
A1	X		X	
A2	X	X		
A3			X	X

Tabelle 8: Vor der Anwendung der „ELSE"-Regel

Tabelle 9: Nach der Anwendung der „ELSE"-Regel

Prüfen auf Vollständigkeit, Redundanz und Widerspruchsfreiheit

Eine Entscheidungstabelle ist **vollständig**, wenn sämtliche möglichen Bedingungskombinationen erfasst sind. Bei n Bedingungen sind dies 2^n Kombinationen. Man erkennt, dass die Zahl der möglichen Kombinationen mit der Anzahl der Bedingungen exponentiell wächst – bei zehn Bedingungen gibt es bereits $2^{10} = 1024$ Kombinationen. In den meisten Fällen führt dies jedoch nicht zu einer gleich hohen Anzahl an Regeln, da Regeln oft redundant sind.

Wenn trotz aller Sorgfalt oder durch geänderte Umstände eine Entscheidungstabelle nicht (mehr) alle Fälle abdeckt, kommt man am Ende ohne Ergebnis und Aktion aus der letzten Bedingungsspalte. Daher ist es sinnvoll, vor allem für Computerprogramme, nach der letzten Bedingungsspalte eine zusätzliche Spalte (z. B. "RF") mit allen Bedingungen "n" einzu-führen. Läuft das Programm in diese Spalte, kann als Aktion ein Hinweis ausgegeben werden, z. B. "Fehler - ET unvollständig".[18]

Eine Entscheidungstabelle ist **redundant**, wenn mehrere Regeln identische Fälle enthalten, d.h. wenn Bedingungsanzeiger und Aktionsanzeiger in mindestens 2 Regeln gleich sind. In diesem Falle kann eine der Regeln entfallen, ohne dass ein Informationsverlust eintritt.

Durch die Prüfung auf **Widerspruchsfreiheit** wird geklärt, ob Regeln mit gleichen Bedingungen zu unterschiedlichen Aktionen führen, also ob die Zusammenfassung der Regel korrekt erfolgt ist. Sobald eine Entscheidungstabelle Irrelevanzzeiger enthält, besteht die Möglichkeit, dass die Tabelle inkonsistent wird.

---

[18] Vgl. http://www.informit.de/media_remote/supportfiles/1787.pdf

3.4. Einsatzbereiche

Entscheidungstabellen werden bei der übersichtlichen Darstellung komplizierter logischer Verknüpfungen und bei Testverfahren in der Softwareherstellung eingesetzt. Weiterhin finden sie Verwendung in der Modellbildung und Simulation, beim Design von Software-Systemen oder im Zusammenhang mit speicherprogrammierbaren Steuerungen (SPS).[19] Sie vereinfachen den Entwurf von Projekten, um komplexe Abhängigkeiten zwischen mehreren Bedingungen und dem jeweils auszuführenden Code oder den Aktionen vollständig darzustellen. Entscheidungstabellen werden auch in einem Business-Rule Management-System (BRMS) verwendet, um sowohl die Definition und die automatische Ausführung von Regelwerken (Business-Rules) zu ermöglichen.[20]

3.5. Bewertung der Methode

Die Leistung dieser Methodik liegt in der Verdeutlichung von Redundanzen und Widersprüchen bei der Systemanalyse sowie beim Prüfen auf Vollständigkeit bei zu treffenden Entscheidungen.[21]

Entscheidungstabellen gelten als nützliches Hilfsmittel bei der übersichtlichen Darstellung komplizierter logischer Verknüpfungen und unterstützen bei der Umsetzung der informellen, widersprüchlichen und unvollständigen Anwendungsbeschreibungen und bringen sie in eine formale Form. Fehler, Inkonsistenzen und Redundanzen sind schnell auffindbar. Die Tabellen sind leicht lesbar und verständlich und generieren eine systematische Analyse und einfache Darstellung von komplexen Situationen. Aktionen und oder Handlungen, die von der Erfüllung oder nicht Erfüllung mehrerer Bedingungen abhängen, können kompakt und übersichtlich definiert werden. Entscheidungstabellen erlauben weiterhin eine Überprüfung und Optimierung ihrer verschiedenen Eigenschaften. Die Erstellung und Herleitung einer Entscheidungstabelle ist jedoch sehr aufwendig, da von vornherein alle möglichen auftretenden Fälle beachtet werden, auch wenn diese später nicht in der Realität vorkommen.

---

[19] Vgl. Grundkurs Informatik: Grundlagen und Konzepte für die erfolgreiche IT-Praxis – Eine umfassende, praxisorientierte Einführung; 4. Auflage; Vieweg+Teubner Verlag; Wiesbaden 2008 Ernst, Hartmut; S. 401

[20] Vgl. Business Rule Revolution: Running Business the Right Way; Barbara Von Halle, Larry Goldberg; Silicon Valley 2006; S. 177

[21] Vgl. http://www.itwissen.info/definition/lexikon/Entscheidungstabelle-decision-table.html

Als weiterer Nachteil kann erachtet werden, dass, wenn ein Ablauf Rücksprünge enthält, Entscheidungstabellen schnell unübersichtlich werden können.[22] Um also die Übersicht in der Praxis, beispielsweise in der Dokumentation von Projektentscheidungen zu behalten, sollte man Entscheidungstabellen miteinander verknüpfen. Dazu werden Aktionen, die selbst in weitere Unteraktionen aufgegliedert wurden, als Entscheidungstabellen dargestellt. Die Abzweigung aus der ersten Entscheidungstabelle muss dem Entscheider oder Entscheidungsprogramm durch die Aktion "weiter in ET 2" aufgezeigt werden. Es ist dabei hilfreich, die erste Entscheidungstabelle so zu gestalten, dass sie in erster Linie den direkten, schnellsten oder am häufigsten beschrittenen Ablauf darstellt. Dadurch ergibt sich eine Art Hierarchie der Entscheidungstabellen. Das gesamte System aus Abläufen wird dadurch übersichtlich und transparent.[23] Die Entscheidungstabellen gelten als Organisationsmethode der Lösungsfindung anhand verschiedener Alternativen und finden sich aus dem Grunde in den Methodenklassen ganz am Ende des Problemlösungszykluses wieder.

---

[22] Vgl. http://www.orghandbuch.de/nn_413618/OrganisationsHandbuch/DE/6__
MethodenTechniken/62__Dokumentationstechniken/623__Entscheidungstabellen/
Entscheidungstabellen-node.html?__nnn=true
[23] Vgl. http://www.itwissen.info/definition/lexikon/Entscheidungstabelle-decision-table.html

13

4. Literaturverzeichnis

Monografien (Bücher)

- [VON06] Von Halle, Barbara; Goldberg Larry; Business Rule Revolution:
  Running Business the Right Way; Silicon Valley 2006
- [HAR08] Ernst, Harmut; Grundkurs Informatik: Grundlagen und Konzepte für die
  erfolgreiche IT-Praxis – Eine umfassende, praxisorientierte Einführung;
  4. Auflage; Vieweg+Teubner Verlag; Wiesbaden 2008
- [GON07] Gonschorrek, Ulrich; Ganzheitliches Management: Planungs- und
  Entscheidungsprozesse; Berliner Wissenschaftsverlag; Berlin 2007
- [SAL03] Saleck, Theo; Auftragsklärung in IT-Projekten: die Ziele des Kunden erkennen
  und punktgenau realisieren; Vieweg & Sohn Verlagsgesellschaft mbH;
  Braunschweig/Wiesbaden 2003
- [WIN05] Winkelhofer, Georg; Management- und Projektmethoden: Ein Leitfaden für IT,
  Organisation und Unternehmensentwicklung, 3. Auflage, Springer-
  Verlag 2005
- [BAL09] Balzert, Helmut: Lehrbuch der Softwaretechnik: Basiskonzepte und
  Requirements Engineering; 3. Auflage; Akademischer Verlag
  Heidelberg 2009
- [PAH07] Pahl, G. / Beitz W. / Feldhusen J. / K.-H. Grote; Konstruktionslehre:
  Grundlagen erfolgreicher Produktentwicklung; Springer Verlag Berlin-
  Heidelberg 2007
- [BÖH01] Böhm R.; Methoden und Techniken der System-Entwicklung, 4.Auflage, vdf
  Hochschulverlag, Zürich, 2001
- [DRE10] Drews G., Hillebrandt N.; Lexikon der Projektmanagement-Methoden,
  2.Auflage, Haufe-Lexware, Freiburg, 2010
- [GRÜ09] Grünig R., Kühn R.; Entscheidungsverfahren für komplexe Probleme,
  6.Auflage, Springer, Berlin, 2009
- [MÖH09] Möhlmann; Wirtschaftlichkeitsrechnung unter Unsicherheit, 2009
- [SCH04] Schawel S., Billing F.; Top 100 Management Tools, 1.Auflage , Gabler,
  Wiesbaden, 2004

Internetquellen

- http://www.informit.de/media_remote/supportfiles/1787.pdf (abgerufen am 23. Mai 2010)
- Kröning, Rainer; Berlin 2010; http://www.kroening-online.de/Method/ Entscheidungstabelle/m_et.php (abgerufen am 12. Mai 2010)
- http://www.harti.ch/harti/phw/BBA/3sem/prozessmanagement/Entscheidungstabellen.pdf (abgerufen am 28. Mai 2010)
- http://www.itwissen.info/definition/lexikon/Entscheidungstabelle-decision-table.html (abgerufen am 18. Juni 2010)
- Bundesministerium des Innern (BMI), Referat O 1; Berlin; http://www.orghandbuch.de/nn_413618/OrganisationsHandbuch/DE/6__ MethodenTechniken/62__Dokumentationstechniken/623__Entscheidungstabellen/ entscheidungstabellen-node.html?__nnn=true (abgerufen am 17. Mai 2010)
- http://www.cobol-workshop.de/c_07-entscheid.html (abgerufen am 08. Juni 2010)